Liebe Schülerinnen und Schüler!

Lesen soll vor allem Spaß machen. Deswegen haben wir mit *L'inconnu(e) du TGV* eine spannende Geschichte ausgewählt, die euch einen lebendigen Einblick in das Leben von französischen und deutschen Jugendlichen verschafft.

Ihr werdet feststellen, dass die Sprache in dieser Geschichte anders klingt als die, der ihr in eurem Schülerbuch begegnet seid. Französische Jugendliche benutzen nämlich gerne das *français familier,* die Umgangssprache. So auch Maël und Nathan, die Helden dieser Geschichte.

Hier sind ein paar typische Merkmale des *français familier*:

- Vokale werden oft verschluckt: z. B. *t'écoutes quoi comme musique ?* statt *tu écoutes quoi comme musique ?* (S. 10).
- Bei Verneinungen fällt das *ne* oft weg: anstelle von *tu ne trouves pas ?* heißt es *tu trouves pas ?* (S. 9); für *Ce n'est pas mon sac de voyage* steht *C'est pas mon sac de yoyage* (S. 13).
- Jugendliche mögen gerne Abkürzungen: sie verwenden z. B. *corres* für *correspondant* (S. 6), *A plus!* für *A plus tard!* (S. 12).

Wir wünschen euch viel Spaß mit *L'inconnu(e) du TGV* !

Avant la lecture

1. **La couverture** *(Umschlag)*

Regardez la couverture.
a) Qu'est-ce qu'il y a sur le dessin ? Décrivez.
b) A quoi pensez-vous *(woran denkt ihr)* ?
Faites des hypothèses *(Vermutungen)* sur l'histoire.
c) Aimez-vous ce dessin ? Pourquoi ? Pourquoi pas ?

2. **Le titre**

a) Lisez maintenant le titre du livre. Cherchez le sens *(die Bedeutung)* du mot « l'inconnu(e) » (regardez le vocabulaire à la page 8).
b) A votre avis, qui est « l'inconnu(e) du TGV » ?

3. **La quatrième de couverture** *(Rückentext)*

Lisez le texte au dos du livre et faites un résumé en trois lignes. Imaginez la suite de l'histoire.

1 La fugue

Dans une petite maison du quartier sud de Stuttgart, une fille de 13 ans pleure. Ses parents se disputent dans le salon.

LA MÈRE : Und? Was ist mit unserem Urlaub in Paris? Du hast es den Kindern versprochen !

LE PÈRE : Es tut mir leid, aber es gibt keinen gemeinsamen Urlaub mehr.

Dans sa chambre, la jeune fille range quelques affaires dans un sac de voyage. Après, elle s'habille avec les vêtements de son frère : un pantalon trop grand, un sweat-shirt à capuche, une casquette de rappeur. Elle se regarde dans le miroir et cache ses beaux cheveux longs sous la casquette.

---

titre **la fugue** das Ausreißen – 2 **pleurer** weinen – 2 **se disputer** sich streiten – 8 **s'habiller** mettre des vêtements – 10 **la capuche** die Kapuze – 11 **le miroir** der Spiegel – 11 **cacher qc** etw. verstecken

Elle regarde aussi ses tutus de danse. Elle pense à son rêve: danser un jour à l'Opéra Garnier. De colère, elle jette tous ses tutus par terre. Avant de partir, elle dépose une carte postale de Paris sur son lit.
Au dos, un seul mot: SALUT ! Puis elle s'en va. Ses parents ne remarquent rien.

2 Pagaille sur le quai de la gare

Au même moment, à la gare de Stuttgart, les élèves du collège Jules Verne du 12e arrondissement de Paris disent au revoir à leurs corres allemands. Autour d'eux, c'est la pagaille ! Des dizaines de supporters du VFB sont là aussi.

MAËL: Qu'est-ce qui se passe aujourd'hui! C'est quoi ce bazar?

FELIX, SON CORRES ALLEMAND: Le VFB joue contre le PSG au Stade de France, ce soir. Tu sais bien, je te le dis tous les jours depuis une semaine!

NATHAN, LE COPAIN DE MAËL: Felix, laisse tomber. Maël et le foot, c'est comme le jour et la nuit!

NICO, LE CORRES DE NATHAN: Mon pauvre Felix, t'as pas de chance avec un corres comme ça! Il ne pense qu'au skate et aux rollers.

NATHAN: Et aux filles!

Les quatre copains rigolent. Mais Maël devient tout rouge. Il est plutôt timide et lui, contrairement à Nathan, il n'a pas encore de petite copine.
Monsieur Boutin, leur prof, est super stressé et quand Monsieur Boutin est stressé, il parle comme ça:
Bon, les- les- les en-fants-fants, on- on- on- y- va- va- va!

---

2 **jeter qc par terre** etw. auf den Boden werfen – 3 **déposer qc** mettre qc – titre **la pagaille** das Durcheinander – titre **le quai** der Bahnsteig – 8 **l'arrondissement** der Stadtbezirk – 9 **autour de…** um … herum – 10 **des dizaines de** Dutzende – 12 **le bazar** das Tohuwabohu – 13 **le PSG** Paris Saint-Germain (Fußballverein von Paris) – 17 **la nuit** die Nacht – 18 **pauvre** arm – 19 **ne…que** nur – 22 **il devient** er wird – 23 **plutôt** eher – 23 **timide** schüchtern – 23 **contrairement à** im Gegensatz zu

Le groupe des élèves répond en chœur : Oui Monsieur Bou-bou-bou-tin. Et tout le monde rigole. Les allemands, les français et même Monsieur Boutin.
Au moment de monter dans le train, un garçon avec une casquette de rappeur arrive en courant, pousse Nathan et le dépasse.
NATHAN : Hé, fais attention !

3 Drôle de rappeur !

Dans le wagon 15 du TGV 8324 à destination de Paris, c'est pire que sur le quai de la gare. Les fans du VFB bousculent tout le monde. Certains ont même une bière à la main. Pourtant, il est juste 9 heures du matin ! Enfin, les élèves trouvent leurs places. Maël et Nathan se mettent ensemble, loin de Monsieur Boutin. Le garçon avec la casquette s'assoit en face d'eux. Maël l'aide à ranger son sac. Il pense : Tiens, marrant, c'est le même sac de voyage que le mien. Mais ce porte-clés en forme de chausson de danse, c'est trop nul !
Le garçon fait merci avec la tête et ses lunettes glissent. Maël croise son regard. Maël se sent soudain tout bizarre. Le garçon lui sourit. Maël remarque ses yeux rouges. A-t-il pleuré ? Il remarque aussi une chaîne en or avec un pendentif : une tour Eiffel.
Drôle de collier pour un rappeur ! pense-t-il.

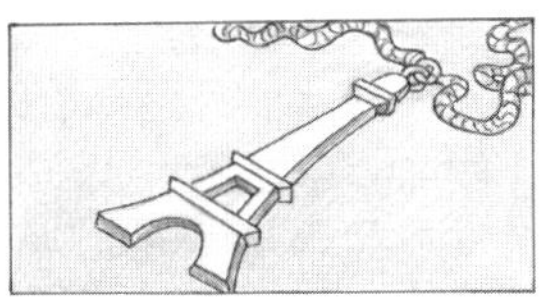

titre **drôle de rappeur!** Komischer Rapper! – 9 **c'est pire** es ist schlimmer – 9 **bousculer qn** jdn. schubsen – 10 **certains** einige – 11 **pourtant** *ici* immerhin – 14 **s'asseoir en face de qn** sich jdm. gegenübersetzen – 16 **le porte-clés** der Schlüsselbund – 18 **glisser** rutschen – 19 **croiser** *ici* begegnen – 19 **se sentir (bizarre)** sich (komisch) fühlen – 19 **soudain** tout à coup – 20 **sourire à qn** jdm. zulächeln – 20 **remarquer qc** etw. bemerken – 21 **la chaîne en or** die Goldkette – 22 **le pendentif** der Anhänger – 23 **le collier** die Halskette

4 TGV contre ICE

Le train démarre. Des fans du VFB ne trouvent pas leurs places et s'énervent. Nathan fait une remarque, bien fort.

NATHAN : Faut pas boire de la bière au p'tit déj' les gars !

MONSIEUR BOUTIN : Na-na-nathan ! Tu- tu- tu cherches les en-en-ennuis ?

Le portable de Nathan sonne. C'est un SMS des corres allemands.

FELIX ET NICO : Alors les gars, toujours pas arrivés? Ce TGV, quel escargot! Le ICE, c'est mieux.

REPONSE DE NATHAN ET MAËL : On te rappelle que le TGV est le train le plus rapide du monde!

REPONSE DE FELIX ET NICO : Sauf quand la SNCF fait grève ;-)

5 Arnold

Le temps passe. Le TGV roule maintenant à 300 km/h. Maël et Nathan ont faim et soif. Ils veulent acheter des sandwichs et des coca à la voiture-bar. Maël demande au garçon en face s'il veut quelque chose. En fait, Maël veut entendre sa voix. Le garçon répond en français.

L'INCONNU : Non merci, ça va.

J'ai raison ! C'est la voix d'une fille, pense Maël.

NATHAN : Tu parles bien français !

L'INCONNU : Je fais du français depuis 2 ans.

NATHAN : Tu t'appelles comment ?

L'INCONNU *(il hésite)* : A… Arnold !

NATHAN : Moi, c'est Nathan et mon copain, c'est Maël.

Les deux copains achètent maintenant les sandwichs et les coca. Ils discutent du garçon du train.

---

1 **démarrer** anfahren – 3 **boire** trinken – 3 **le p'tit déj/le petit-déjeuner** das Frühstück – 3 **les gars!** Jungs! – 4 **chercher les ennuis** *(m.)* Streit/Ärger suchen – 9 **l'escargot** *(m.)* die Schnecke – 10 **rappeler qc à qn** jdn. an etw. erinnern – 11 **le plus rapide** der schnellste – 12 **la SNCF** frz. Eisenbahngesellschaft (la société nationale des chemins de fer français) – 12 **faire grève** streiken – 13 **rouler** fahren – 16 **en face** gegenüber – 17 **la voix** die Stimme – 18 **l'inconnu, e** der/die Unbekannte – 23 **hésiter** zögern

Nathan : Ce mec, Arnold, c'est une fille, je crois.
Maël : J'ai aussi cette impression.
Nathan : En plus, elle est trop jolie, tu trouves pas ?
Maël devient tout rouge.
Nathan : Je me demande pourquoi elle porte des vêtements de garçon ?

6 Contrôle des billets

Pendant ce temps, le contrôleur passe dans le wagon 15. Il veut voir les billets. Il y a des fans du VFB partout. Par terre, devant les toilettes, sur des places qui ne sont pas leurs places. C'est vraiment la pagaille ! Le contrôleur transpire. Monsieur Boutin montre le billet pour le groupe.
Monsieur Boutin : Ce sont dix-dix-dix huit-huit-huit é-é-é-lèves.
Le contrôleur en compte dix-sept. Il compte aussi Arnold.
Le controleur : Il manque un élève.
Arnold : I-il achète un sandwich.
Le controleur : Ok, je repasse plus tard !
Arnold respire un grand coup. Son cœur bat à cent à l'heure.

7 Le coup de foudre

Les garçons reviennent. Arnold leur sourit.
Nathan : Tu vas à Paris ?
Arnold : Je vais voir ma tante, elle habite à côté de la tour Eiffel.
Nathan : Nous, on habite, euh…, Boulevard de Charonne.
Arnold : C'est loin de la tour Eiffel ?
Nathan : Exactement de l'autre côté de Paris.
Arnold : Et l'opéra ?

---

1 **le mec** der Typ – 2 **avoir l'impression** den Eindruck haben – 3 **joli, e** hübsch – 10 **transpirer** schwitzen – 15 **il manque** es fehlt – 17 **repasser** *ici* noch einmal vorbeikommen – 18 **respirer un grand coup** tief Luft holen – 18 **son cœur bat à cent à l'heure** sein Herz klopft wie verrückt – 19 **revenir** zurückkommen

Nathan : Euh… ouais, c'est loin aussi. Pourquoi ? Tu fais de la danse classique ? *(il rigole)*

Arnold : Euh… non bien sûr. *(Il hésite)* Moi, je fais du skate.

Nathan : Et t'écoutes quoi comme musique ?

Arnold : Euh… du rap.

Maël est surpris. C'est la première fois qu'il rencontre une fille qui aime les mêmes choses que lui. En plus, comme dit Nathan, elle est trop jolie !

8 Echange des bagages

Déjà presque 3 heures et 30 minutes de train. Encore 10 minutes avant l'arrivée. Voilà le contrôleur.

Le controleur : Bon, ici je dois recompter.

Arnold regarde Maël avec des yeux paniqués. Maël comprend qu'il n'a pas de billet.

Au même moment, Monsieur Boutin dit qu'ils arrivent bientôt. D'un bond, des élèves se lèvent et courent vers les toilettes. Le contrôleur en a vraiment assez. Il ne peut pas faire son travail correctement aujourd'hui.

Le controleur : Bon, je laisse tomber, c'est pas mon jour ! Quel bazar dans ce train !

Peu après, Arnold se lève et demande à Nathan de faire attention à ses affaires. Maël le suit.

Pendant ce temps, Nathan a une idée. Il enlève le porte-clés en forme de chausson de danse du sac de voyage d'Arnold et l'accroche au sac de voyage de Maël. Il pense que ces deux-là, c'est le coup de foudre ! Ils doivent absolument se revoir. Alors, il force un peu le destin. Son copain est bien trop timide pour donner son numéro de portable à l'inconnue.

---

6 **surpris, e** überrascht – titre **les bagages** *(m., pl.)* das Gepäck – 15 **se lever d'un bond** mit einem Satz aufspringen – 21 **suivre qn** jdm. folgen – 22 **enlever** abhängen – 24 **accrocher** befestigen – 26 **forcer le destin** das Schicksal herausfordern

Pourtant, quand Arnold sort des toilettes, Maël prend son courage à deux mains et lui parle.

MAËL : Tu sais, euh, je fais aussi du skate. Il y a un super, euh, skatepark à Bercy. C'est trop cool. Voilà mon numéro de téléphone. Appelle-moi pendant tes vacances. On peut y aller ensemble.

Arnold ne dit rien. Un sourire seulement.

9 Le coup de fil de Felix

Le TGV arrive à Paris Gare de L'Est. Les passagers descendent. Monsieur Boutin regroupe ses élèves. Les supporters du VFB sont encore plus excités. Arnold disparaît dans la foule. Maël et Nathan ne peuvent même

---

1 **prendre son courage à deux mains** seinen Mut zusammennehmen – 7 **le sourire** das Lächeln – titre **le coup de fil** der Telefonanruf – 11 **disparaître** verschwinden – 11 **la foule** die Menschenmenge

pas lui dire au revoir. La mère de Maël est là. Elle emmène les deux garçons à la maison. Les parents de Nathan vont venir le chercher plus tard. Ce soir, il va au Stade de France avec son père ! Dans le métro, le portable de Nathan sonne. C'est Felix.

FELIX : Salut les amis !

NATHAN : Salut Felix ! Attends, je mets le haut-parleur. *(Il met le haut-parleur)* Ça va ?

FELIX : Bof… c'est triste sans vous…

NATHAN : Quoi de neuf ?

FELIX : La radio parle de la disparition d'une fille de 13 ans.

NATHAN : Tu la connais ?

FELIX : Non, mais elle est peut-être dans le train avec vous.

NATHAN : Tu rigoles !

FELIX : Non, pas du tout. Ses parents pensent même qu'elle veut aller à Paris. C'est une fugue, quoi !

Maël demande à Nathan son portable.

MAËL : Salut Felix, c'est Maël. C'est quoi cette histoire ? Elle s'appelle comment cette fille ?

FELIX : Anna Karfunkel.

MAËL : Elle est comment ?

FELIX : Tu veux savoir si elle est jolie ? Ha ha ha, je te connais bien !

MAËL : Arrête tes bêtises ! Bon : grande, petite, blonde, brune, cheveux longs, courts ?

FELIX : Euh, cheveux blonds, longs, plutôt petite et mince. Ça te dit quelque chose ?

MAËL : Je sais pas... je t'appelle plus tard. A plus !

FELIX : Ok, à plus !

---

1 **emmener qn** jdn. mitnehmen – 3 **venir chercher qn** jdn. abholen kommen – 7 **mettre le haut-parleur** den Lautsprecher anstellen – 10 **Quoi de neuf ?** Was gibt's Neues? – 11 **la disparition** das Verschwinden – 24 **la bêtise** die Albernheit – 25 **long, ue** lang – 25 **court, e** ≠ long, ue

Nathan et Maël se regardent. Mais alors, Anna Karfunkel et Arnold, c'est la même personne ? – Non, Arnold n'a pas les cheveux longs. A moins que…

En tout cas, Arnold est une fille. Ils en sont sûrs. C'est bizarre tout ça ! Nathan pense à l'échange des bagages. Il faut vite le dire à Maël. Il va être en colère mais c'est peut-être la seule chance de retrouver Anna.

10 Le journal intime d'Anna

A la maison, Nathan raconte tout à son ami.

MAËL : Quoi ? Qu'est-ce que tu dis ? C'est pas mon sac de voyage ! T'es dingue ou quoi ?

NATHAN : Pardon, Maël. Comment revoir cette fille, sinon ?

MAËL : Non mais, qu'est-ce que tu crois ? Que je suis pas cap' de me débrouiller tout seul ?

NATHAN : Bon écoute, on n'a pas le temps de se disputer. Ouvrons ce sac de voyage !

Les deux garçons ouvrent le sac de voyage. C'est celui d'Anna. Ils trouvent un journal intime. Ils lisent la dernière page :

---

3 **à moins que** es sei denn – 4 **en tout cas** auf jeden Fall – 4 **sûr, e** sicher – titre **le journal intime** das Tagebuch – 10 **être dingue** verrückt sein *(fam.)* – 11 **sinon** sonst – 12 **être cap' de (être capable de)** zu etwas fähig sein – 13 **se débrouiller** zurechtkommen

Dans le journal intime d'Anna, il y a une photo de deux amoureux devant la tour Eiffel. Ses parents dans leur jeunesse? Il y a aussi une photo de famille. Le garçon avec la casquette de rappeur et le skate sous le bras est sûrement son frère. Anna est à côté de lui.

NATHAN : Où est-ce qu'elle peut bien être maintenant ?

MAËL : Paris est si grand !

NATHAN : Attends ! Sur cette photo, ses parents sont aux pieds de la tour Eiffel.

MAËL : Oui. En plus, elle porte un collier avec un pendentif en forme de tour Eiffel.

NATHAN : Exact ! Et elle dit qu'elle a une tante qui habite à côté de la tour Eiffel.

---

2 **les amoureux** *(m., pl.)* die Verliebten – 3 **la jeunesse** die Jugend – 4 **sûrement** sicher, bestimmt

MAËL : Enfin ça, c'est pas sûr.

NATHAN : Mais ça fait beaucoup de tours Eiffel, tu trouves pas ?

MAËL ET NATHAN *(en même temps)* : Il faut aller à la tour Eiffel !

Ils envoient un SMS à Felix et Nico : On pense qu'on connaît cette Anna. Prévenez la radio et ses parents. On vous recontacte.

11 La tour Eiffel

Maël et Nathan sont maintenant à la tour Eiffel. C'est pire que dans le TGV, tous les fans du VFB sont là aussi. Ils sont au moins 500 ! Il reste quatre heures avant le match, alors bien sûr, ils font du tourisme. Des policiers surveillent la foule. L'ambiance est bizarre mais joyeuse. On est en France, dans l'endroit le plus français du monde et il y a des Allemands partout. Des fans de foot !

C'est le délire, pense Maël.

Comment retrouver Anna dans ce chaos ? Les garçons veulent prendre les escaliers mais ils sont fermés depuis 20 minutes pour raisons de sécurité. Ils prennent l'ascenseur, s'arrêtent au premier et au deuxième étage, cherchent Anna partout. Ils veulent aller au troisième étage, mais c'est aussi fermé pour raisons de sécurité. Les garçons sont sur le point d'abandonner.

Tout à coup arrive un SMS de Felix : Peut-être que ça peut vous aider ? Premier baiser des parents d'Anna au troisième étage de la tour Eiffel. Vue sur le Trocadéro. Parents d'Anna en route pour Paris. Bonne chance !

---

6 **prévenir qn** jdn. benachrichtigen – 11 **surveiller qc** etw. überwachen – 13 **l'endroit** *(m.)* der Ort – 18 **pour raisons de sécurité** aus Sicherheitsgründen – 22 **ils sont sur le point d'abandonner** sie sind kurz davor aufzugeben – 24 **le baiser** der Kuss – 26 **être en route pour** unterwegs sein nach

12 Enfin avec Anna !

Nathan et Maël parlent alors à un agent de police.

L'AGENT : On ferme le troisième étage à cause de cette foule de supporters. Beaucoup sont ivres. C'est trop dangereux!

Les garçons racontent alors toute l'histoire. Le policier est d'accord, ils peuvent maintenant monter avec lui au troisième étage. Ils cherchent Anna et la trouvent cachée dans un coin. Elle pleure.

NATHAN : Ça va, Arnold ?

ANNA : Anna, je m'appelle Anna. Je suis une fille.

NATHAN : On sait.

MAËL : Anna, Arnold, quelle importance ! Tu es là !

13 L'arrivée des parents d'Anna

Anna et Maël sont à la maison. La mère de Maël prépare un bon repas. Les parents d'Anna arrivent dans une heure. Maël montre à Anna ses deux skates et ses rollers. Il montre aussi sur Internet des photos du skatepark à Bercy.

MAËL : Tu vas voir, c'est trop cool !

ANNA : Merci encore pour tout, Maël. Je suis moins triste maintenant. La prochaine fois que tu viens à Stuttgart, pour te remercier, je te montre quelque chose que tu ne connais pas.

MAËL : Il y a des rampes de skate, là-bas ?

ANNA : Peut-être. Mais moi je t'emmène à l'opéra.

Elle lui sourit.

Maël est très surpris et il fait une drôle de tête, mais l'important, c'est de revoir Anna.

Soudain, on sonne à la porte. Ce sont les parents d'Anna qui arrivent. Quand ils la voient, ils la prennent dans leurs

---

3 **ivre** betrunken – 6 **caché, e** versteckt – 7 **le coin** die Ecke – 11 **quelle importance !** was bedeutet das schon! – 13 **le repas** das Essen – 19 **remercier qn** sich bei jdm. bedanken – 24 **faire une drôle de tête** ein komisches Gesicht ziehen *(fam.)*

bras et la serrent très fort. Maël remarque qu'ils se tiennent la main. Il cherche les yeux d'Anna et lui fait un petit signe de la tête pour lui montrer ce qu'il voit.
Le sourire d'Anna est vraiment trop cool, pense Maël.

14 Au Stade de France

Il est 23 heures. Nathan et son père quittent le Stade de France. 3 :0 pour le VFB. Nathan est un peu en colère. Tout à coup, un SMS de Felix arrive.
FELIX : Salut Nathan ! Vive le VFB !
Nathan répond.

1 **serrer** drücken – 1 **tenir** halten

NATHAN : Dis donc, ça va vite les nouvelles !

FELIX : C'est ça Internet, mon pote ! Déçu ?

NATHAN : Un peu quand même.

FELIX : Allez ! C'est toujours le plus fort qui gagne. C'est la vie ...

NATHAN : Ouais... normal, avec des supporters comme ça ;-)

2 **le pote** der Kumpel *(fam.)* – 2 **déçu, e** enttäuscht – 3 **Un peu quand même.** Ein bisschen schon. – 4 **le plus fort** der Stärkere

Pendant la lecture

1. La fugue

Une fille de 13 ans pleure

- parce qu'elle ne sait pas comment s'habiller.
- parce que ses parents se disputent.
- parce que son sac de voyage est trop petit.

2. Pagaille sur le quai de la gare

1) Il y a combien d'arrondissements à Paris ?
2) Situez sur un plan de Paris le 12e arrondissement.
3) Maël ne s'intéresse pas du tout au foot.
   Retrouvez l'expression française dans le texte.

3. Drôle de rappeur !

1) Trouvez les mots cachés *(versteckt)* du chapitre 3.

M	T	A	I	D	E	F	E	J	I
A	C	H	A	Î	N	E	A	Q	E
Z	H	O	S	U	S	Z	B	D	I
C	A	S	Q	U	E	T	T	E	F
N	U	A	W	Y	M	P	O	E	F
X	S	N	U	L	B	I	U	U	E
U	S	N	V	E	L	T	R	Q	L
E	O	P	I	R	E	D	J	O	F
S	N	A	R	V	S	I	B	K	Z
B	O	U	S	C	U	L	E	N	T

2) C'est trop nul ce _ _ _ _ _ - _ _ _ _ en forme de chausson de danse !

4. TGV contre ICE

1) Qu'est-ce que veut dire TGV ?
2) Qu'est-ce que veut dire ICE ?

5. Arnold

1) Trouvez les verbes du chapitre 5.
   – Le TGV LEOUR maintenant à 300km/h.
   – Ils veulent ETRHAEC des sandwichs.
   – Maël veut RENTEDEN la voix de l'inconnu.
   – Ils NEUTTIDSC du garçon du train.

2) Jouez le dialogue du chapitre 5.

6. Contrôle des billets

1) Qui passe dans le wagon 15 ?
   • le policier
   • le détective
   • le contrôleur

2) Qu'est-ce qu'il veut voir ?
   • les élèves
   • les billets
   • la pagaille

7. Le coup de foudre

1) Montrez sur un plan de métro de Paris ces trois stations :
   – Station Opéra
   – Station Nation
   – Station Champ de Mars-Tour Eiffel

2) Qu'est-ce que vous connaissez comme vêtements ?
   Faites une liste.
   Pull, T-shirt, …

8. Echange des bagages

Vrai ou faux ? Cochez.

	vrai	faux
Le contrôleur doit recompter.		
Le train arrive dans 30 minutes.		
Maël n'a pas de billet.		
Il y a du bazar dans le train.		
Les élèves vont s'acheter des sandwichs.		
Arnold et Maël ne s'aiment pas.		
Nathan accroche le porte-clés d'Arnold au sac de voyage de Maël.		
Arnold donne son numéro de portable à Maël.		

9. Le coup de fil de Felix

1) Il y a combien de gares à Paris ? Donnez les noms.
2) Cherchez ces gares sur le plan de métro.
3) Jouez le dialogue entre Felix, Nathan et Maël.

10. Le journal intime d'Anna

1) Devinette *(Rätsel)* 1 : C'est un objet. C'est utile quand on part en vacances. On peut ranger ses vêtements dans cet objet. Qu'est-ce que c'est ?

2) Devinette 2 : C'est un objet. On peut y écrire ce qu'on veut. Quand on est triste, quand on est content, quand on a des problèmes avec ses parents… Qu'est-ce que c'est ?

3) Devinette 3 : Qui est le garçon avec la casquette de rappeur sur la photo ?
   - le père d'Anna
   - le frère d'Anna
   - le copain d'Anna

4) Devinette 4 : Les garçons pensent qu'Anna est maintenant …
   - à l'opéra.
   - à la maison.
   - à la tour Eiffel.

5) Devinette 5 : Pourquoi est-ce qu'ils pensent qu'elle est à la tour Eiffel ? Donnez les trois raisons principales *(die drei Hauptgründe)*.

11. La tour Eiffel

Trouvez les mots :

TOU-	-DONNER
AM-	-LIER
PAR-	-RISME
ESCA-	-SEUR
ASCEN-	-TOUT
ABAN-	-BIANCE

12. Enfin avec Anna !

1) Le troisième étage de la tour Eiffel est fermé…
   - parce qu'Anna y attend ?
   - parce que l'ascenseur est en panne ?
   - parce que beaucoup de visiteurs sont ivres et c'est dangereux ?

2) Quel est l'intrus (*der Eindringling*) ?
ascenseur – étage – supporters – escaliers – tour Eiffel

13. L'arrivée des parents d'Anna

Trouvez les mots du chapitre 13.

MAPER
RESTIT
HAROPCINE
MIRCEERRE
RÉFÉPRÉ
NEGIS
ORUSIER

14. Au Stade de France

Ecrivez les nombres de ce chapitre :
23
3
0

Après la lecture

1. Recherches sur Internet

Faites des recherches sur la tour Eiffel. Trouvez des informations sur son histoire, sa construction, etc.

2. Faites un résumé des chapitres de *L'inconnu(e) du TGV.*

Formez des groupes :
Groupe 1 : chapitres 1 + 2
Groupe 2 : chapitres 3 + 4 + 5 + 6
Groupe 3 : chapitres 7 + 8
Groupe 4 : chapitres 9 + 10
Groupe 5 : chapitre 11 + 12
Groupe 6 : chapitre 13 + 14